LEA AUBERT

HOROSKOP DER LIEBE

STERNZEICHEN

STEINBOCK

Ausgabe 2014
Umschlaggestaltung: Allen Lee
Titelabbildungen: aus Bildern von dreamstime.com
Herstellung und Verlag: Books on Demand GmbH, Norderstedt
Printed in Germany

ISBN 9783839131398

Inhalt

Das Sternbild des Steinbocks

Capricornus

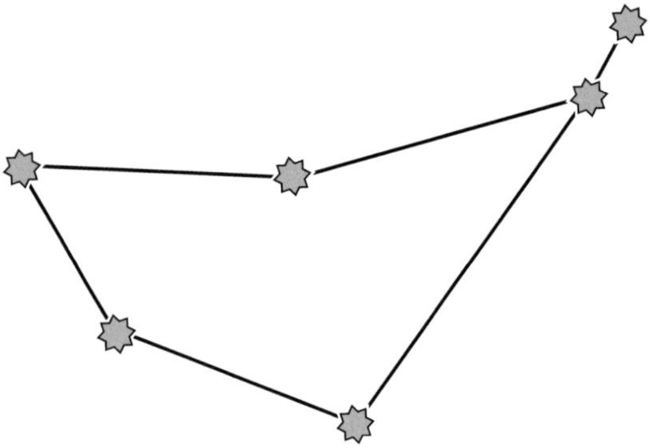

Die Sage des Steinbocks

Das Sternbild des Steinbocks liegt zwischen Wassermann und Schütze.

In der griechischen Mytholigie, stehen der Steinbock – wie auch der Widder – mit dem Erscheinen der Sagengestalt Typhon in Zusammenhang. Typhon war eine grauenvolle Gestalt, die so groß war, dass sie mit den Händen die Sterne erreichen konnte. Auf seinem Rumpf saßen hundert entsetzliche Drachenköpfe. Jeder dieser Köpfe brüllte mit einer anderen Stimme und geiferte Gift. Von den Lenden abwärts wanden sich tausende Vipern. Seine Augen glühten wie Kohlen.
Typhon war der Sohn Gaias, der Mutter Erde, die über die Vernichtung der Giganten so erbost war, dass sie sich von Tartaros, dem Gott der Unterwelt, umarmen ließ und als Frucht das furchtbare Scheusal gebar. Sein Ziel war es, den Olymp zu erobern. Das Untier riss dem unsterblichen Gott Zeus die Sehnen aus dem Körper und machte ihn so handlungsunfähig.
Gott Pan floh vor dem Monstrum ins Meer, wo er die Gestalt eines Fisches annehmen wollte. Dies gelang ihm aber nur zur Hälfte. Kopf und Rumpf verwandelten sich in die Gestalt eines Steinbocks, der Unterleib nahm die Form eines geschuppten Fischschwanzes an. Pan hatte somit die überlieferte Gestalt eines Ziegenfischs eingenommen.
Um den Göttervater Zeus zu retten, stahl Hermes die Sehnen, die Typhon geraubt hatte. Zeus wurde wieder hergestellt und besiegte daraufhin Typhon.
Der Ziegenfisch wurde als Sternbild des Steinbocks an den Himmel gesetzt.

Die Steinbock-Frau

Die Steinbock-Frau führt ein ordentliches Leben. Ihr Terminkalender ist ihr stetiger Begleiter. Und so mag es etwas kühl wirken, einen Termin zu einem ersten Rendezvous mit ihr auszumachen. Dieser nüchterne Eindruck täuscht jedoch. Denn hinter der Fassade schlummert eine bezaubernde Schönheit.

Als Kollegin ist sie eine zuvorkommende, wenn auch etwas schüchtern wirkende Persönlichkeit, die eher etwas zu tief stapelt, als laut zu sagen, dass eine Idee von ihr stammt. Lob ihrer Vorgesetzten hört sie zwar gerne, jedoch ist ihr das im Beisein ihrer Kollegen eher peinlich. Im Grunde weiß sie ja, dass sie alles richtig und perfekt erledigt. Darüber muss keiner ein Wort verlieren.

Sie ist ehrgeizig, besitzt aber oft zu wenig Ellenbogenmentalität, um sich gegen Konkurrenten durchzusetzen. Diese Eigenschaft bringt mit sich, dass sie sich manchmal übergangen fühlt. Oft ist es ihre beste Freundin, die ihr auch noch den Traummann wegschnappt. Und wieder ist sie die Zweite. Ihr oft steiniger Lebensweg bringt es mit sich, dass sie oft strauchelt und sich immer wieder aufrappeln muss.

Männer, die eine Frau mit Sicherheitsbedürfnis suchen, sind bei ihr an der richtigen Adresse. Planung steht bei ihr im Vordergrund und steht eine Reise an, ist sie die erste, die Reisliteratur besorgt und sich stundenlang mit dem beschäftigt, was alles mitzunehmen und vorzubereiten ist.

Die Steinbock-Frau verfügt über ein vorsichtiges Naturell, das nicht mit Ängstlichkeit verwechselt werden darf. Steht sie vor einer neuen Herausforderung, analysiert sie gekonnt alle Vor- und Nachteile, um dann zu ihrem meist richtigen Entschluss zu kommen.

Wie man sich denken kann, ist Spontaneität nicht gerade das Aushängeschild der Steinbock-Dame. Verrückte Charaktere, die in ihr eine Frau zum Pferdestehlen suchen, werden deshalb meist enttäuscht. Gesetzte Persönlichkeiten, die viel Wert auf Erscheinung legen und keine Überraschungen mögen, sind bei ihr an der richtigen Adresse.

Die Steinbock-Frau ist ein Familien-Mensch. Streit und Unstimmigkeiten innerhalb der eigenen Reihen können sie tief bedrücken. Denn im Herzen ist sie ein harmoniebedürftiger Mensch. Ihren Kindern ist sie eine Mutter, die streng ist, aber mit Herz die Fäden in der Hand hält. Sie merkt es, wenn eine Verabredung nicht eingehalten oder ein Versprechen nicht eingelöst wird. Hier kann sie entschieden und vielleicht auch etwas zornig auftreten. Um sie richtig wütend zu machen, braucht es aber mehr, als Kleinigkeiten.

Sie ist eine gutmütige Seele, die gerne Tiere um sich hat. Nicht selten hält sie sich ein Haustier und erfreut sich daran.

Ihre Leidenschaft für einen Partner zügelt sie auf ein Maß, das ihr immer erlaubt, die Kontrolle zu behalten. Sie ist kein Typ, der sorglos und gedankenverloren in einem fremden Bett aufwacht. Eine Beziehung ist bei ihr von Anfang an etwas Besonderes. Trennt sie sich von einem Partner, ändert sie meist auch ihr Aussehen. Sie trägt das Haar nun anders, schminkt sich anders und wählt andere Kleidung – ein neues Leben hat begonnen.

Hat sie sich für einen Partner entschieden ist sie eine treue und liebevolle Partnerin. Ihr bedeutet das, was sie hat, immer mehr als die fantastischen Luftschlösser der anderen.

In längeren Beziehungen und lange andauernden Ehen laufen Steinbock-Frauen Gefahr, etwas unterzugehen. Sie sorgen instinktiv für alle anderen und achten zu wenig auf sich selbst. Sie sollten sich deshalb ab und zu fragen, wie weit sie sich ausnutzen lassen möchten. Nicht jeder Mann weiß ihren Einsatz zu würdigen und schätzt ihre Arbeit in vollem Umfang.

Einige Männer empfinden ihre besitzergreifende Art als Umklammerung. Denn hat sich die Steinbock-Frau einmal richtig

verliebt, würde sie vieles für ihren Mann aufgeben, nur um ihm immer ganz nah zu sein. Dieser Wunsch nach Nähe wird von einigen Männern skeptisch aufgenommen. Sie fühlen sich beobachtet und kontrolliert. Lässt die Gehörnte ihrem Partner mehr Freiraum und ihn auch einmal etwas mit seinen Freunden alleine unternehmen, wird diese Entscheidung der Beziehung auf jeden Fall gut tun.

Die Steinbock-Frau weiß zwar Wohlstand zu schätzen – meist übt sie sich jedoch in Bescheidenheit. Sie ist selten eine Person, die mit überbordendem Schmuck oder luxuriöser Kleidung Aufsehen erregen will. Extravaganz und Eitelkeit sind zwei Fremdworte für sie.

Ihre Bodenständigkeit verhilft ihr dazu, in ihrem Leben das Geld zusammen zu halten. Eine Verschwenderin ist sie nicht. Lieber verschenkt sie das Geld an Bedürftige oder gibt es an Tierheime, als selbst dem Konsum zu frönen. Vielleicht wird sie aus diesem Grund auch ab und zu ausgenutzt. Bemerkt sie diese Untat, erscheint ihr das Verhalten so furchtbar, dass sie diese Kontakte sofort abbricht. Denn sie hat es nicht nötig, sich mit einer Person abzugeben, die ihre Taten nicht zu schätzen weiß.

Die Steinbock-Frau ist von Grund auf treu. Ihre Sensoren melden schnell einen Fehltritt des Partners oder sogar schon den Ansatz dazu. Eifersüchtig stellt sie ihn dann zur Rede. Da Untreue in ihrer eigenen Gedankenwelt kaum vorkommt, kann sie Seitensprünge des Partners selten nachvollziehen. Sie hält dieses Verhalten für stillos und distanziert sich entschieden davon.

Erotische Vorlieben der Steinbock-Frau

Eine erste Berührung, ein erster Blick – und die Steinbock-Frau ist bereit. Sie ist kein Frau, die ein langes Vorspiel braucht. Zwar sehnt sie sich nach Zärtlichkeit und Nähe, beim Sex darf es aber ruhig etwas handfester zugehen. Sie will nicht unbedingt führen – sie will, dass ihr Partner seine Lust auslebt und sie dabei auf ihre Kosten kommt.

Nicht selten erfüllt sie ihrem Partner auch ausgefallene Wünsche und probiert neue Dinge aus. Spielzeugen kann sie im Allgemeinen nicht so viel abgewinnen. Lieber ist ihr einfach die menschliche Haut und die Berührung.

Gefällt ihr eine Praktik nicht, sagt sie es unverblümt und ist nicht bereit, es ein zweites Mal zu versuchen.

Sie liebkost gerne und kann mit ihrem Mund die schönsten Kunststücke anstellen. Männer, die das erlebt haben, wissen, das ihr das so schnell keiner nachmacht.

Ist sie aber im Stress, sinkt ihre Libido. Um das Liebesleben wieder aufzufrischen, bedarf es einer entspannenden Massage oder eines heißen duftenden Bades, das sie über alles liebt. Oft beginnt dort dann eine heiße Nacht.

Die Steinbock-Frau liebt romantische Accessoires, wie Duftkerzen, Räucherstäbchen oder Lavalampen. Ihr Schlafzimmer ähnelt deshalb eher einer indischen Liebesstätte. Fremde Kulturen ziehen sie an. So beschäftigt sie sich gerne mit asiatischen Entspannungsübungen und Gymnastiken und ist auch den Lehren des Kamasutra aufgeschlossen.

Mag die Steinbock-Frau sonst etwas kühl wirken – in der Liebe entfaltet sich ihre Hitze doppelt und schon so mancher Mann wurde von dieser strahlenden Erotik fast geblendet.

Der Steinbock-Mann

Bekommt der Steinbock-Mann einen Korb, macht ihm das sehr viel mehr zu schaffen als anderen Tierkreiszeichen. Denn er sucht nichts anderes als die Sicherheit in einer festen treuen Beziehung. Hat er gefunden, was er sucht, ist er der geborene Familienmensch, der sich sehr um das Wohlergehen seiner Kinder sorgt. Er sieht es als seine Bestimmung an, selbst das Geld für den Unterhalt der Familie zu verdienen und verzichtet selten auf die Rolle des Ernährers. Emanzipierte und unabhängige Frauen werden deshalb bei ihrem Partner auf einige fast unüberwindliche Grundeinstellungen stoßen.

Ist er auf Freiersfüßen, kann der Steinbock-Mann sehr hartnäckig werden. Immer wieder probiert er neue Versionen seiner Verführungskünste und gibt erst auf, wenn offensichtlich ist, dass diese Frau nicht für ihn bestimmt ist. Auf Rivalenkämpfe lässt er sich nur ungern ein. Lieber ist er der Hahn im Korb und fühlt am eigenen Leib, dass ihn die Frauen aufgrund seiner charmanten Art lieben.

Für manche Frauen, die er sich als Partnerin vorstellen kann, ist er jedoch nie mehr als ein super Freund. Einer der Gründe liegt in seinem Charakter verborgen: Er ist selten verrückt oder spontan. Deshalb findet er manchmal auch erst in fortgesetzten Jahren seine wahre Liebe – eine Frau, die seine Bodenständigkeit und Treue zu schätzen weiß.

Im Job ist er ein gewissenhafter Mitarbeiter, der lieber selbst Überstunden macht, als anderen welche zuzumuten. Sein Chef ist von seinem Gedächtnis begeistert. Denn er merkt sich Zusammenhänge, die schon Jahre zurück liegen. Mit den Jahren sammelt er einen Erfahrungsschatz an, der ihn fast unentbehrlich für die Firma macht. Aber trotz dieser Fähigkeit bleibt er auf dem Boden der Tatsachen und versteigt sich nie in überzogene Gehaltsforderungen.

Obwohl er selbst manchmal schüchtern ist, liebt er keine Prüderie an seiner Partnerin. Er wälzt sich gerne nackt mit ihr im Bett und achtet nicht darauf, ob die Vorhänge zugezogen sind. Ist er in Fahrt, schaltet er alle anderen Eindrücke aus.

Führt er eine feste Beziehung, läuft er selten Gefahr, sich in Affären zu verstricken. Er hat schon in seiner Jugend einige Erfahrungen gesammelt. Selten versteift er sich auf eine Technik oder entwickelt einen Fetisch.

Der Steinbock-Mann ist kein exzessiver Partygänger. Er denkt schon an seine Pflichten am nächsten Tag und will nicht zu arg über die Strenge schlagen. Diese Vorsicht, manchmal von Außenstehenden als Spießigkeit abgetan, bringt jedoch auch Vorteile für ihn. Durch seine vorausschauende Vorsicht ist es ihm möglich, viele Hindernisse gekonnt zu umschiffen, an denen andere zerschellen. Er beobachtet gekonnt und wendet sein Hintergrundwissen an, Situationen richtig einzuschätzen. In Krisensituationen ist er deshalb ein gefragter Analytiker, der mit seinem Sachverstand und einer begründeten Argumentation auch Andersdenkende überzeugen kann. Die Zukunft zeigt dann meist, dass er mit seiner Meinung richtig gelegen hat.

In finanziellen Dingen ist er ausgesprochen sorgsam. Nicht selten führt er eine genaue Liste seiner Ausgaben und gönnt sich persönlich wenig. Viel wichtiger ist ihm das Wohl der Familie. Seinen Kinder lässt er deshalb fast zu viel zukommen und verwöhnt sie dadurch regelrecht. Plant er eine größere Anschaffung, z.B. den Erwerb eines Hauses, wälzt er dieses Vorhaben oft monatelang hin und her. Ihm muss man nicht dazu raten, einen Experten zu befragen – das hat er schon gemacht.

Sein beruhigendes Sicherheitsdenken und seine vorausschauende planende Art wirken in der heutigen Zeit fast antiquiert. Sein Lebensweg bestätigt ihn jedoch darin, sehr oft das richtige getan und die richtigen Entscheidungen gefällt zu haben. Auf Frauen wirkt dieser Fels in der Brandung je nach Charakter eher langweilig oder anziehend. Viele Frauen, denen er als Partner zu wenig spritzig ist, haben in ihm einen sehr guten Freund, der nicht in erster Linie daran denkt, aus dieser Freundschaft auch eine Liebe zu machen. Der Steinbock-Mann kann sehr gut zwischen beiden Dingen unterscheiden und nutzt Situationen nur selten aus.

Er ist ein Typ, der es nicht nötig hat, auf Kosten von anderen einen eigenen Vorteil zu erzielen. Auch bei Witzen achtet er darauf, dass sie niemanden verletzen.

Im Inneren liebt er die Harmonie. Ein Leben, das hauptsächlich aus Wechselbädern der Gefühle besteht, bereitet ihm ungesunden Stress. Er arbeitet dann stetig und mit eisernem Willen an einer Verbesserung der Situation.

Mit seiner Partnerin lebt er gewöhnlich ohne Streitereien. Er kann sehr gut zwischen schlechter Laune und einem wirklichen Problem unterscheiden. So kommt es selten zu einem ausufernden Konflikt. Sollten doch einmal Gewitterwolken aufziehen, ist er der erste, der einen Kompromiss sucht. Dabei geht er lösungsorientiert vor und kann auch eigene Fehler eingestehen und sich dafür entschuldigen. Seine Partnerin schätzt diese Eigenschaften ganz besonders, da er ihre Meinung anhört und mit ihr zusammen eine Lösung sucht.

Erotische Vorlieben des Steinbock-Mannes

Der Steinbock-Mann ist im Bett erst richtig in seinem Element. Für ihn gehört die körperliche Liebe einfach dazu. Er konsumiert sie wie das tägliche Essen und fühlt sich gesund dabei. Seine Ausdauer ist bemerkenswert. Wer allerdings außergewöhnliche Kreativität oder ausgefallene Spielereien erwartet, wird ein wenig enttäuscht sein.

Wie im Leben, bleibt der Steinbock-Mann auch in der Liebe auf dem Boden der Tatsachen. Am Liebsten hat er Frauen, die wissen, was sie wollen und ihm das auch sagen. So weiß er, dass er nichts falsch macht und was seiner Partnerin gefällt.

Lehnt er sich zurück, ist er der geborene Genießer. Nicht selten lässt er sich von seiner Partnerin bis zum Höhepunkt verwöhnen und ist dann zu müde, um ihr ebenfalls einen Lustmoment zu verschaffen. Gönnt man ihm jedoch ein wenig Pause, ist er wieder Einsatzbereit und wird nun seinerseits alles dafür tun, seine Liebste kunstvoll zu verwöhnen.

Extravagante Spielzeuge schrecken ihn eher ab. Er liebt es natürlich und geschmackvoll.

Das Ambiente spielt für ihn eine wichtige Rolle. So macht er sich Gedanken über die musikalische Untermalung und die Bettwäsche, wenn er seine Geliebte zum ersten Mal empfängt.

Ist er sonst eher bescheiden, kann er zur Verführung Delikatessen auftischen und ein kulinarisches Essen kredenzen, das seinesgleichen sucht. Er weiß intuitiv, welche Register er ziehen muss, um seine Eroberung zu beeindrucken. Ist es ein exklusiver Duft, ein teurer Wein, seidene Bettwäsche oder wundervolle Beleuchtung – bei ihm wirken die Arrangements nie künstlich sondern einfach nur anziehend, gemütlich und irgendwie auch etwas geheimnisvoll.

Was Steinbock und Partner verbindet

Ob es in einer Beziehung Harmonie oder Streit gibt, ist nicht immer nur Sache der Charaktere. Man spricht nicht umsonst vom guten Stern, der über einigen Beziehung steht. Eine Liebe, die ein Leben lang anhält, ist der Wunschtraum vieler Menschen in einer heute sehr schnelllebig gewordenen Zeit. Fast alle sehnen sich danach, im Partner die Person gefunden zu haben, mit der alle Schwierigkeiten im Leben zu meistern sind. Zudem darf eine harmonische Beziehung nie soweit abkühlen, dass sich die Partner auseinander leben. Hier kann ein Blick in das Partnerhoroskop helfen. Eventuelle Spannungen können so früh neutralisiert werden. Denn nur wenn Probleme früh erkannt werden, lassen sie sich schnell und unkompliziert lösen.

Zu einer vollkommenen Liebe gehört eine erfüllte Sexualität. Hält geistige und körperliche Verbundenheit sich die Waage, wird eine Beziehung in der Regel immer unter einem guten Stern stehen. Aber welche Vorlieben hat der Partner im Bett? Das ist eine viel zu selten gestellte Frage, die für einige Paare in der Trennung endet. Das muss nicht so sein.

Je mehr Sie sich mit den Vorlieben Ihrer Partnerin oder ihres Partners beschäftigen, desto erfüllender können die intimen Stunden für Sie beide werden.

Nachfolgende Partnerkonstellationen führen verborgene Wünsche und Abneigungen offen auf, die Ursache für Unlust im Bett sein können. Unterhalten Sie sich darüber mit ihrem Partner. Oftmals wird erst so ein lange gehegter Traum Wirklichkeit. Natürlich ist beim Sex alles erlaubt, was gefällt. Auch wenn Ihre Neigungen nicht genau den hier beschriebenen Praktiken entsprechen, finden Sie viele Anregungen, die das Sexualleben beleben können.

Widder als Partner des Steinbocks

Die Zeichen für eine lange Partnerschaft stehen bei einer Verbindung dieser Sternzeichen auf Grün. Nicht selten nähern sich beide Sternzeichen so aneinander an, dass sie in ihren Charakteren ähnlich werden. Sie wollen jedoch keinesfalls den Partner nach ihren eigenen Wünschen ändern – sondern nehmen sich selbst etwas zurück, um die Harmonie zu fördern. Kommt es in anderen Konstellation oft zu tiefgreifenden Konflikten, werden diese in dieser Partnerschaft immer schnell ausgeräumt. Rosenkriege kommen hier so gut wie nie vor. Allerdings setzt das ein gegenseitiges Verständnis für den Partner voraus.

Beide Sternzeichen haben einer sehr gute Kondition, was sich bei der Karriere und bei der gemeinsamen Lebensgestaltung positiv auswirkt, da hier das Paar immer am gleichen Strang zieht.

Die hier nicht zu verschweigenden negativen Aspekte sind die Rangkämpfe der gehörnten Tiere. Manchmal zu schnell und aus unwichtigen Gründen begeben sie sich in die Kampfarena und hauen dem Partner alles um die Ohren, was sie nur finden können. Da sie in dieser Konstellation auf einen ebenbürtigen Gegner treffen, wiegeln sich solche Auseinandersetzungen oft zu heftigen Streiterein auf. Hier ist es an beiden Sternzeichen, den Launen des anderen mit Nachsicht zu begegnen und sich nicht unnötig provozieren zu lassen. Beide Sternzeichen neigen dazu, Kritik schnell persönlich zu nehmen. Sie sollten nicht vergessen: Man sieht nur mit dem Herzen gut. Worte sollte man nicht auf die Goldwaage legen.

Das Liebesspiel des Steinbock-Widder Paares

Der Widder versteht es perfekt, die Libido des Steinbocks zu wecken. Seine Spontaneität, die sich oft in Unternehmungslust äußert, führt das Paar oft an ungewöhnliche Liebesorte. Nicht selten lieben sie sich im Urlaub jeden Tag und verbringen viele Stunden im Hotelzimmer ohne sich die Sehenswürdigkeiten anzusehen. Ist der Steinbock auf den Geschmack gekommen, liebt er intensiv und ausgiebig. Er lässt sich dann auch oft ohne Vorspiel auf kurze sexuelle Glücksmomente ein.

Die Machtverhältnisse spielen in dieser Beziehung keine so große Rolle. Der Widder kann sich hier gut zurücknehmen, weil er spürt, welche sexuelle Kraft im Steinbock schlummert. Gegenseitige Toleranz führt diese Partnerschaften oft in hohes Alter, in dem der Sex dann immer noch Bestandteil des Lebens bleibt. Da Schwächen beider Sternzeichen vom anderen geflissentlich übersehen werden, kommt es auch zu keiner Abwendung vom Partner aufgrund abwegig erscheinender sexueller Vorlieben. Viele Spielarten werden von beiden akzeptiert und in das Liebesspiel eingebunden. Ein Paar, welches Sex auf diese Art praktiziert wird wundervolle Momente in höchster Erregung und Befriedigung erleben. Besonders reizvoll ist für beide, sich asiatischen Liebestechniken zu widmen, sofern sie genügend Geduld dafür aufbringen. Multiple Orgasmen bei Männern und Frauen sind hier in einer Harmonie möglich, die in anderen Konstellationen undenkbar wären.

Stier als Partner des Steinbocks

Die Beziehung dieser gehörnten Wesen steht unter einem leuchtenden Stern. Oft ist diese Verbindung das, wonach beide ihr gesamtes Leben lang gesucht haben. Denn hier kommt es selten zu den sonst zwischen diesen Tierkreiszeichen üblichen Machtkämpfen.

Steinböcke können sehr gut zwischen einem loyalem Partner und einem missgünstigen Rivalen unterscheiden. Der Stier entpuppt sich bald als ein beständiger Fels in dieser schnelllebigen Zeit. Mit allen Beinen fest auf dem Boden sucht dieses Paar nie das unnötige Risiko. Sie planen gemeinsam ihre Zukunft und schützen sie mit allen Mitteln.

Selten wird ein solches Paar, hat es sich einmal gefunden, wieder aus fadenscheinigen Gründen auseinander gehen. Es muss schon eine sehr große Erschütterung geben, um dieses Paar zu trennen.

Steinbock und Stier ergänzen sich durch Fleiß und Beständigkeit, die manchmal von der Außenwelt als Spießertum abgetan wird. Allerdings ist das nur der Neid. Denn das Glück dieses Paares ist dauerhaft angelegt. Das spürt jeder, der die Beiden betrachtet. Sie sind fast immer guter Laune und auch in Krisenzeiten optimistisch eingestellt.

Ist einer von beiden einmal schlecht gelaunt, gelingt es dem anderen durch Humor oder passende Vorschläge wieder Sonne ins Leben zu bringen.

Das Liebesspiel des Steinbock-Stier Paares

Was ist über ein Paar zu sagen, bei dem alles zu passen scheint? Ihre Körper passen zueinander wie als wären sie wirklich für einander geschaffen. Was der eine wünscht, errät der andere schnell und nimmt es in sein Repertoire der Liebesspiele auf.

Würde man ein Paar dieser Art beobachten, würde man bemerken, dass sie im Augenblick der Liebe nur sich selbst sehen. Sie können sich ganz und gar in ihren Partner vertiefen. Sie probieren unterschiedliche Techniken aus – allerdings lieben sie beide mehr das Bodenständige in all seinen Facetten. Und sollte sie morgens um fünf aufwachen, wenn er zur Arbeit muss – für einen wunderbaren Moment der Liebe reicht die Zeit immer.

Machtspiele im Bett liegen beiden wenig – denn hier weiß jeder, dass er so oder so auf seine Kosten kommt. Eine Verschmelzung von Steinbock und Stier ist fast mystisch: Liebe und Sex vereint sich in einem endlosen Augenblick.

Was will man mehr?

Sex ohne Liebe ist ein Ding der Unmöglichkeit – zumindest für dieses Paar. Dann hätten sie sich schon längst getrennt. Denn nur wo bedingungslose Leidenschaft ist, fühlen sie sich wohl.

Untreue wird kaum zum Problem, wenn auch Stiere mehr dazu neigen als Steinböcke. Nicht zuletzt sind sich beide bewusst, dass sie an ihrem Partner jemanden an ihrer Seite haben, der unersetzbar ist. Diese Gewissheit bedeutet ihnen mehr als alles andere in ihrem Leben.

Zwillinge als Partner des Steinbocks

Der bodenständige Steinbock findet den Zwilling vielleicht zu leichtlebig. Denn er sorgt sich um seine Zukunft und plant seine Karriere sorgfältig. Der Zwilling hingegen ist sprunghaft und sein Leben richtet sich wenn möglich nach dem Lustprinzip.

Die unterschiedlichen Denkweisen dieser Partner, Sicherheitsdenken und Abenteuerlust, können Ursache für extreme Spannungen innerhalb der Beziehung sein.

Nicht selten sind Unstimmigkeiten und vollkommenes Unverständnis die Folgen. Um das zu vermeiden, muss der Steinbock ein wenig Risiko im Leben eingehen und erntet damit die Zuneigung des Zwillings, für den gemeinsam erlebte Freiheit immer schöner ist.

Der Zwilling muss vor allem eines entwickeln, um in Zukunft mit dem Steinbock zusammen zu leben: Verständnis für die aktuelle Lebenslage. Können beide auf diese Weise aufeinander zuzugehen, steht die Liebe unter einem guten Stern.

Der Steinbock sollte sich jedoch davor hüten, jede Idee des Zwillings als Spinnerei abzutun. Nicht selten entpuppt sich ein Einfall des Zwillings als gewinnbringende Idee. Beachtet er die Vorschläge des Zwillings zu wenig, läuft er Gefahr, dass dieser woanders seine Bewunderer sucht.

Das Liebesspiel des Steinbock-Zwillinge Paares

Hat dieses Paar seltener Sex als andere Paare, werden die Ursachen im Karrieredenken und im rastlosen Marsch beider Sternzeichen zu suchen sein. Stress im Beruf ist der Auslöser dafür. Hier müssen beide mit offenen Augen gegensteuern, um ein Auseinanderleben zu vermeiden.

Um wieder Leben in die Beziehung zu bringen, bieten sich Kurzurlaube an. Der Zwilling genießt es, ein erotisches Wochenende z.B. in einem Hotel in Paris zu verbringen. Nicht selten wird so die beständige Haltung des Steinbocks belebt.

Der Steinbock liebt keine großen Überraschungen im Bett. Ihm kann die Lust dann richtig vergehen. Zwillinge sollten deshalb behutsam vorgehen, wenn sie ihre Spielzeuge mit ins Bett nehmen. Manch ein Steinbock wird davor zurückschrecken und die Hand des Zwillings dem Zauberstab vorziehen. Kann der Zwilling auf Extravaganz und Spiele mit perversen Neigungen verzichten, wird sich das Sexleben harmonisch und zur vollen Zufriedenheit beider Partner entwickeln.

Krebs als Partner des Steinbocks

Haben beide die Liebe auf den ersten Blick gefunden, wird sich hier ein Paar bilden, das durch Dick und Dünn geht.

Der oft unruhigere Steinbock findet im Krebs einen Partner, der für ihn der Fels in der Brandung sein kann. Er mag es, wenn der Krebs die Familie und das eigene Haus als den Hort des gemeinsamen Glücks betrachtet. Nicht selten wird er dann gemeinsam mit ihm eine Einheit bilden, die durch so gut wie nichts mehr gestört werden kann.

Die ab und zu hervortretende Melancholie des Krebses wischt der Steinbock gekonnt beiseite. Mit Optimismus und Tatendrang geht er durchs Leben und schafft so eine gemeinsame Existenz aufzubauen, von der andere nur träumen. Nicht selten wird man dieses Paar auch noch in fortgeschrittenem Alter vor dem Haus sitzen sehen, das sie sich mit der eigenen Hände Arbeit geschaffen haben. Und ihre Gesichter strahlen dabei.

Haben sie Kinder, finden beide ihre Erfüllung darin, Eltern zu sein. Auch die Männer dieser Konstellation tragen gerne viel dazu bei, ihre Frauen bei der Kindererziehung zu unterstützen.

Das Liebesspiel des Steinbock-Krebs Paares

Beide Sternzeichen profitieren von einander. Meist haben sie schon Erfahrungen mit anderen Partnern gemacht und könne deshalb grobe Schnitzer vermeiden.

Der Steinbock kann gut auf die Wünsche des Krebses eingehen. Beide mögen ein längeres Vorspiel und genießen den Körper des anderen. Wenn dieses Paar noch nicht versucht hat, sich mit feinen Ölen zu massieren, sollte es das unbedingt nachholen. Unter den Liebesstellungen ziehen beide die bodenständigeren Varianten vor. Für sie kommt es mehr auf das Gefühl an als auf die besondere Technik.

Nicht selten werden sich hier Paare finden, die sich perfekt in den Körper des Partners hinein versetzen können. Die Möglichkeit, so gut wie immer zum gemeinsamen gleichzeitigen Orgasmus zu kommen, liegt hier auf der Hand. Liegt das Paar danach erschöpft nebeneinander, wird es sich liebevoll ansehen und dabei wissen, dass ihre Beziehung etwas sehr Besonderes und Wertvolles ist. Es bleibt nur, ihnen auf ihrem Lebens- und Liebesweg viel Glück zu wünschen.

Löwe als Partner des Steinbocks

Nicht alle optimistischen Löwen werden in dieser Konstellation glücklich. Denn hier sind Kompromisse gefragt. Der ordnende und sorgenvolle Charakter des Steinbocks verhält sich entgegengesetzt zum großzügigen, freien und manchmal sogar verschwenderischen Geist des Löwen. So bildet sich hier in der Regel ein Paar, das nicht immer der gleichen Meinung ist. Besonders bei gemeinsamen Ausgaben tun sich Gräben auf, die immer aufs Neue überbrückt werden müssen.

Die Gesundheit der Beziehung wird in erster Linie davon abhängen, in wie weit beide Partner bereit sind, an sich zu arbeiten. Will der eine nur den anderen verändern, wird das nicht funktionieren. Hier ist ein Entgegenkommen beider Seiten nötig. Das Geheimnis einer langen Beziehung zwischen Löwe und Steinbock liegt in der gegenseitigen Akzeptanz. Hier entscheidet sich, ob die Verbindung auf Dauer angelegt ist. Nimmt man sich so, wie man ist, steht die Beziehung unter einen guten Stern.

Das Liebesspiel des Steinbock-Löwe Paares

Der Sex des Steinbocks ist in der Regel nüchterner und weniger romantisch als der des Löwen. Allerdings lässt er sich vom Löwen für Sex begeistern. Hier liegt es an beiden, auf einander zuzugehen, um Missverständnisse zu vermeiden.

Der Steinbock sollte mit Kritik zurückhaltend sein und nicht durch seine realistische Art die Sexualität des Löwen vom Sockel stoßen. Wenn der Löwe träumen will, sollte man ihm seine romantischen Vorstellungen lassen. Nicht alles muss in ein Muster passen.

Hat der Steinbock den Zugang zum Löwen gefunden, wird er ihn auch für seine eigenen Wünsche begeistern können. Da Löwen gemeinhin als verschwenderische Liebhaber gelten, wird er so gut wie immer auf seine Kosten kommen. Und damit sind keine Geschenke gemeint, sondern Liebesbeweise in jeglicher Form, z.B. als wundervolle Zärtlichkeiten. So kann das Bett für beide ein Tempel werden – ein Gegengewicht zum stressigen Alltag.

Der Löwe sollte den Steinbock ab und zu nach seinen intimsten Wünschen fragen. Nicht selten erfährt er dann, was seinen Partner wirklich in höchste Erregung versetzt.

Jungfrau als Partner des Steinbocks

In dieser Konstellation haben sich zwei Strategen gefunden. Alles, was gemeinsam unternommen wird, wird in der Regel geplant und besprochen. Daher sollten sie aufpassen, dass die Spontaneität nicht zu kurz kommt. Das Alltagsleben könnte sonst unangenehm grau werden.

Da das Paar generell sparsam ist, wird das Leben auch in Krisenzeiten mit Bravour gemeistert. Bei großen Anschaffungen müssen beide Partner keine Angst davor haben, etwas Unüberlegtes zu tun. Denn sie können einfach nicht anders, als sich immer wieder alles durchzurechnen.

Trotz dieser vielleicht spießig wirkenden Eigenschaft, vereinen sie einen Sinn für Kreativität, den sie gerne ausleben. Sie sind visuell veranlagte Menschen, die gerne Ausstellungen, Konzerte und andere kulturelle Veranstaltungen besuchen. Beide feiern gerne und ausgiebig. Ihr Haus steht Freunden immer offen.

Jedoch möchte keiner vom anderen nur wegen seinen praktischen Vorzügen geliebt werden. Beide Seelen lieben die Gefühlsäußerungen des Partners. In lang andauernden Beziehungen sind diese geistigen Zuwendungen kleine Geschenke, die es ermöglichen, gegenseitiges Vertrauen und innige Liebe über weitere Jahre aufrecht zu erhalten. Das haben sie anderen Paaren voraus.

Das Liebesspiel des Steinbock-Jungfrau Paares

Da beide Sternzeichen sehr praktisch veranlagt sind, wird es auch im Bett keine großen Komplikationen geben. Da sie jedoch nicht besonders spontan sind, muss auch der Liebesakt meist von einem Partner vorbereitet sein – zumindest muss das Bett bezogen sein. Das ist auch der Grund dafür, dass es hier selten zu Sex an außergewöhnlichen Orten kommt. Einem Quicky, nachts auf dem Baugerüst oder auf einer Bahnhofstoilette, können beide kaum etwas abgewinnen.

Vor dem ersten Sex und auch danach wird meist besprochen, was der Partner mag. So vermeiden es beide, mit sexuellen Neigungen herauszuplatzen, die dem anderen missfallen könnten. Allerdings birgt dieses Vorgehen auch das Risiko, dass der Akt monoton und langweilig wird. Um diese Gefahr zu umschiffen, sollten beide auf die verborgenen Wünsche ihres Partners eingehen. Nur das wird wieder Feuer in die Liebesnächte bringen.

Waage als Partner des Steinbocks

Wenn Waagen etwas am Steinbock lieben, dann meist seinen Körper und seinen Geschäftssinn. Ehrgeizig bahnt sich der Steinbock seinen Weg durchs Leben. Dass dabei die Gefühle und die Liebe manchmal zu kurz kommen, kann vorkommen. Vom Steinbock ist das aber nicht böse gemeint – hat er sein Ziel vor Augen, wird er nicht mehr vom Weg abzubringen sein. Das kann die Waage stören, die ihren Blick weit schweifen lässt. Hat sie ein Ziel gefasst, ist es meist nicht das einzige. Sie ist in der Regel immer dazu bereit, ihre Meinung aus wichtigen Gründen zu ändern.

Diese Differenzen bergen einigen Stoff für Konflikte aller Art. Nicht selten wird die Waage dem Steinbock sein Scheuklappendenken vorwerfen. Und umgekehrt muss sich die Waage gefallen lassen, für ihre flatterhafte Lebenseinstellung getadelt zu werden.

Wenn das Paar wirklich auf Dauer zusammen bleiben will, muss es vor allem Toleranz üben. Hat der Partner immer genug Freiraum und sieht sich auch in der Lebensgestaltung nicht zurückgesetzt, kann diese Verbindung Zukunft haben. Ein einfaches Vorhaben ist dieser Versuch allerdings nicht.

Das Liebesspiel des Steinbock-Waage Paares

Der recht abgeklärte Steinbock findet in der Waage zwar einen recht wandlungsfähigen Partner, jedoch sind ihm seine Berührungen meist zu sanft. Er kann Gefühle nicht so gut zeigen und hält sich lieber an handfeste Berührungen.

Die Fähigkeit der Waage, in die Seele ihres Steinbocks zu sehen, kann jedoch Wunder bewirken. Im Bett will der Steinbock dominieren. Er hat sein Ziel vor Augen. Aber die Waage wird auf ihre Kosten kommen. Sie versteht es recht gut, seine Energie in die richtigen Bahnen zu lenken – zu ihren Gunsten.

Romantische Abende werden beide eher selten erleben. Dafür können sich recht heiße, auch härtere Spiele ergeben, bei denen die Waage meist die devote Rolle übernehmen will. Fühlt der Steinbock sich zum Meister erhoben, kann er eine Kraft und Ausdauer zeigen, vor der selbst eine abgebrühte Waage erschrecken kann. Der Steinbock sollte sich allerdings vor zu kräftigem Zupacken hüten – Waagen reagieren sehr sensibel. Fühlen sie sich in einer Sexualpraktik nicht richtig geliebt, verlieren sie oft das Interesse. Das Geheimnis liegt hier in der Abwechslung.

Skorpion als Partner des Steinbocks

In dieser Konstellation sind beide ehrgeizig bei der Sache. Selten wird eine Minute sinnlos verschwendet. Obwohl die Partnerschaft zwischen Steinbock und Skorpion ungewöhnlich erscheint, verbinden sich hier zwei Sternzeichen in fast vollkommener Harmonie.

Hat der Skorpion bei anderen Sternzeichen Grund zur Eifersucht – kann er hier auf seinen Partner vertrauen. Auch der Steinbock genießt diese, ihm entgegengebrachte Wertschätzung. Er fühlt sich wohl. Denn hier ist es gemütlich. Treue wird vom Steinbock vorausgesetzt und im Wesen des Skorpions kann man selten eine Tendenz zu Seitensprüngen erkennen.

Beide Wesen sind mit sich selbst zufrieden. Das ist die beste Voraussetzung, auch den anderen mit all seinen kleinen Fehlern und Macken zu lieben. Obwohl der Skorpion nicht immer dazu neigt, dem Partner genügend Freiraum zu geben – hier kann er es bedenkenlos tun. Sein spontanes Wesen hält den oft in sich ruhenden Steinbock auf Trab. Der Gehörnte darf von spontan einberufenen Partys ebenso wenig überrascht sein, wie wenn der Skorpion ihn aus heiterem Himmel fragt, ob er ihn heiraten will. In diesem Fall sollte er seinem Herzen folgen – sein Bauchgefühl sagt meist die Wahrheit.

Das Liebesspiel des Steinbock-Skorpion Paares

Beide Partner senden deutliche Signale, wenn sie Lust aufeinander verspüren. Sie lieben keine zu langen Vorspiele. Hier holt sich jeder, was er für sein Glück braucht. Diese vielleicht egoistisch anmutende Verbindung hat jedoch einige Vorteile. Erstens machen sich beide wenig Gedanken und können abschalten, zweitens können sie meist genau definieren, was ihnen Spaß macht. So ist Sex zwischen Steinbock und Skorpion meist von vornherein eine klare Angelegenheit, bei der es kaum zu Missverständnissen kommt.

Beide sollten jedoch ab und zu einmal über ihren Tellerrand hinausschauen und ihrem Partner exklusive Glücksmomente bereiten. Ein solcher Liebesbeweis wiegt schwerer als die obligatorischen Blumen zum Geburtstag. Hier wird der Partner auf die höchste Stufe gehoben und kann in der Empfindung aufgehen, die ihm durch die Verwöhnung zukommt. Die gegenseitige Dankbarkeit wird größer und größer werden. Langeweile kann hier kaum aufkommen. Wer es noch nicht versucht hat: Zungenspiele gehörten schon im alten Griechenland zu den schönsten sexuellen Erlebnissen.

Schütze als Partner des Steinbocks

Steinböcke sind gewöhnlich sparsame Artgenossen. Schützen geben dagegen das Geld mit vollen Händen aus. Sie sind großzügig und leisten sich auch gerne Luxus. Diese charakterliche Differenz führt zu Spannungen, die oft in täglichen Streitereien enden. Nicht zuletzt sind es große Anschaffungen, die die Meinungen auseinander treiben.

Trotzdem darf man nicht alles Schwarz sehen. Diese Beziehung kann durchaus Zukunft haben, wenn sich nicht einer der Partner seinem Schicksal ergibt. Das Machtverhältnis sollte ausgeglichen sein, um eine Ehe zu wagen. Allzu oft lässt sich der Steinbock vom begeisterten Schützen mitreißen und erwacht dann wie aus einem bösen Traum. Denn schon gibt es das nächste Ziel, das der Schütze anvisiert. Und das, was gestern noch wichtig war, ist auf einmal unwichtig.

Hier entscheidet sich, ob der Steinbock gewillt ist, ein Leben zu führen, das im Schatten steht. Geht er hingegen selbst seinen eigenen Weg, ist das zwar anfänglich beschwerlich, jedoch kann der Schütze ihn so am besten respektieren. Denn nur als Bewunderer kann der Steinbock auf Dauer nicht glücklich werden.

Das Liebesspiel des Steinbock-Schütze Paares

Kann der Schütze dominieren, wird der Sex für beide befriedigend sein. Stellen sich allerdings Machtspiele inmitten des Liebesspiels ein, wird es schwierig für beide, zum Höhepunkt zu kommen. Das Schütze-Steinbock-Paar tut gut daran, immer auf den Erregungszustand des Partners einzugehen. Nur dann wird ein gleichzeitiger Orgasmus möglich.

Da beide Partner aber genügend egoistisches Potenzial haben, kann es auch ohne einem gleichzeitigen Orgasmus zu aufregendem Sex kommen.

Das Paar kommt in der Regel schnell zur Sache. Sendet einer der beiden Signale, die Lust versprechen, reagiert der andere sofort. Auch Schützen sind da schnell bei der Sache. Sie haben gerne auch mehrmals am Tag ausgiebigen Sex.

Wenn sich Langeweile einschleichen sollte, kann der Partner auch gerne mal ganz früh morgens mit süßen Küssen aus dem Schlaf geweckt werden. Schützen wie Steinböcke sind meist keine Morgenmuffel. Und das Frühstück schmeckt nach ein wenig gymnastischer Übung noch viel besser.

Die Stärke beider Partner liegt in der Ausdauer. Deshalb können sie sich beim Vorspiel ruhig ein wenig mehr Zeit lassen. Sie profitieren beide davon.

Steinbock als Partner des Steinbocks

Auf in den Kampf oder auf in die ewige Liebe. Beides passt hier gut zusammen. Denn selten kämpfen die Teilnehmer unter der Gürtellinie und werden verletzend. Wenn es einmal kracht, dann nur kurz und kräftig. Verändert wird dann jedoch wenig. Beständigkeit und zähes Beibehalten von Gewohnheiten sind sowohl die positiven wie auch die negativen Eigenschaften dieser Verbindung.

Das gemeinsame Glück wird jedenfalls von beiden vehement verfolgt. Wer ihnen dabei in die Quere kommt, wird ein paar blaue Flecken davon tragen. Gemeinsamkeit ist das Zauberwort, das beide zusammenhält.

Sollte sich der Kampfesgeist allerdings gegen den eigenen Partner richten und über kurze Kampfspiele hinausgehen, ist Vorsicht geboten. Hier wird sich nun zeigen, ob nicht zu viel Kraft für diese Reibereien verschwendet wird. Eines ist sicher: Werden Streitereien zur Regelmäßigkeit, ist das Ende nicht allzu weit.

Aber keine Angst. Steinböcke leben gewöhnlich ein etwas konservatives – aber dafür ausgeglichenes Leben, das auch so von beiden Partnern gewünscht wird. Denn ein allzu großes Hoch zieht immer auch ein Tief nach sich. Und das mögen beide nicht so gerne.

Das Liebesspiel des Steinbock-Steinbock Paares

Man könnte meinen, hier ein Paar vor sich zu haben, das im Bett keine besonderen Aufregungen erlebt. Hier kann man sich täuschen.

Steinböcke sind zielorientiert und ausdauernd. Beides sind Eigenschaften, die sie nirgends besser ausspielen können, als im Bett. Da sie sich meist schon nach kurzer Zeit in- und auswendig kennen, wissen sie genau, wie sie ihren Partner verführen und verwöhnen können.

Natürlich setzen sie auch ab und zu ihren Sexappeal ein, um ihre Ziele durchzusetzen. Aber warum nicht? Steinbock-Frauen wie auch gehörnte Männer können viel geben, werden aber auch nicht davor zurückschrecken, sich entspannt zurück zu lehnen um zu genießen – ein Vergnügen für beide.

Dank ihrer angeborenen Rivalität, geht es im Bett auch manchmal härter zur Sache. Feste Umarmungen, Fesselspiele und hart ausgeführte Praktiken können auch ins fast brutal Anmutende abgleiten. Jedoch vergessen beide nie, die Grenzen des Partners zu respektieren. Denn nur geteilter Spaß ist größte Freude. Egoismus lehnen beide entschieden ab – vor allem im Bett.

Wassermann als Partner des Steinbocks

Oftmals kennen Steinbock und Wassermann sich vor einer Liebesbeziehung sehr lange. Sie waren gute Freunde und mussten beide unendlich lange überlegen, ob sie das, was sie verbindet für eine Beziehung wirklich riskieren sollten. Dass sie es nun doch mit einander versuchen, ist in erster Linie dem Wassermann zu verdanken, der den vernünftig denkenden Steinbock an die Hand nimmt. Zusammen können sie auch viel mehr erreichen als alleine. Denn beide ergänzen sich in ihren Eigenschaften.

Wassermänner lieben an Steinböcken, dass sie Sicherheit und Stärke ausstrahlen. Sie geben ihnen Raum, die eigene Kreativität zu entfalten und sie nicht zuletzt deshalb zu lieben. Denn der Wassermann kann einiges ertragen – jedoch kaum, wenn er in seinen Freiheiten beschnitten wird. Den Vorteil daraus ziehen beide Partner.

Durch ihre überdurchschnittliche Selbstständigkeit erziehen sie ihre Kinder schnell zu kleinen Erwachsenen, die das Leben mit Bravour meistern. Freundschaft innerhalb der Familie ist das höchste Gut dieses Paares, das auch im hohen Alter noch einen ausgiebigen Kontakt zu ihren Kindern pflegt.

Das Liebesspiel des Steinbock-Wassermann Paares

Kultiviert geht es hier zu. Wassermänner bringen mit ihrer Kreativität frischen Wind ins Schlafzimmer. Steinböcke lenken die Energie in die richtigen Bahnen. So wird der Sex zwischen beiden eine Bereicherung. Das Liebesleben spielt eine große Rolle in der Beziehung dieses Paaren. Es wäre daraus nicht wegzudenken. Mit platonischer Liebe kann das Paar nichts anfangen.

Trennt sich das Paar, ist meist auch die unbefriedigende körperliche Liebe ein entscheidender Faktor, der vielleicht unterbewusst zu lange verdrängt wurde.

Um diesem Risiko zu begegnen, sollten sich beide über ihre verborgenen Wünsche unterhalten. Sind sie ehrlich zu einander, werden sie schnell bemerken, welche Dinge den Partner stören und welche ihm gefallen.

Ein Tipp: Beide schreiben ihre fünf geheimsten Wünsche auf einen Zettel und geben sie ihrem Liebsten.

Und dann?

Es wird auf jeden Fall ein spannendes Wochenende!

Fische als Partner des Steinbocks

Steinböcke umsorgen ihre Partner gerne. Im Fische-Geborenen finden sie einen Partner, der genau nach einer solchen Behandlung sucht. Hier fühlt er sich geborgen. Mit Faulheit oder Bequemlichkeit hat das nichts zu tun. Es ist vielmehr das Gefühl, nach einer langen Reise endlich dort angekommen zu sein, wo es einem am besten gefällt.

Man könnte nun meinen, dass der Steinbock-Geborene dabei nicht auf seine Kosten kommt – weit gefehlt. Denn Fische verstehen es, mit sensiblem Gespür den Wünschen ihres Partners auf den Grund zu gehen. Und so erhalten sie meist einen Gegenwert, der sie unendlich glücklich macht.

Das Steinbock-Fische-Paar ist zu beneiden. Denn im Gegensatz zu anderen Paaren versteht es sich sehr gut. Streitereien kommen selten vor und werden in der Regel sachlich und ohne große Emotionen ausgetragen.

Das alles sind Voraussetzungen für eine lange Liebe und eine Ehe, die bis ins hohe Alter andauern kann.

Steinböcke sollten sich allerdings davor hüten, ihrem Fisch die Freiheit einzuschränken. Hier reagiert er mit Rückzug, bricht plötzlich aus der Beziehung aus oder verkümmert.

Das Liebesspiel des Steinbock-Fische Paares

Da beide das Leben als größtes Abenteuer erkannt haben, lassen sie auch im Bett alle Hemmungen fallen. Oft beginnt der Liebesakt mit einem geistreichen Gespräch. Denn beide kommunizieren gerne. Und so gehört Sprache zu den wichtigsten Verführungsmitteln dieses Paares. Während der Vereinigung bleibt auch der Humor nicht außen vor – und so kann man es aus dem Schlafzimmer auch öfter herzhaft lachen hören. Beide kümmert es wenig, ob jemand von ihrer Liebe etwas mitbekommt.

Fische sind lieben nichts lieber, als nackt durch die Wohnung zu spazieren. Steinböcke können sich an diesem Anblick kaum satt sehen. Sie beobachten gerne. Hat das Paar noch nie einen Strip ausprobiert, sollte es das einmal versuchen. Wenn das zu langweilig ist, wirkt eine kleine Pokerrunde wie ein Wunder.

Die geheimsten Wünsche können so endlich einmal ausgesprochen werden und gehen mit etwas Glück in Erfüllung. Beide wissen das zu schätzen. Den Steinbock reizt nicht nur der geschmeidige Körper des Fisches, dessen unergründlicher Charakter fordert ihn immer wieder heraus, allem auf den Grund zu gehen.

Der Jahresrhythmus der Sternzeichen

Wie beim bekannten Biorhythmus gibt es auch in der Liebe zeitweise Höhen und Tiefen. In der Partnerschaft kann es deshalb zu Hochgefühlen und Konflikten kommen, die persönlich schwer beeinflusst werden können. Manchmal denken wir, dass wir schon morgens mit dem falschen Fuß aufgestanden sind, an anderen Tagen fühlen wir uns energiegeladen und uns gelingt alles, was wir uns für diesen Tag vorgenommen haben. Wenn es uns gelingt, die innere Uhr abzulesen, die von unserem Sternzeichen beeinflusst wird, haben wir die Möglichkeit, unser Leben positiv zu beeinflussen. Nicht immer ist es vorteilhaft, sich mit aller Kraft einer inneren Stimmung entgegen zu stemmen. Wenn wir die Ursache jedoch kennen, können wir auch mit unseren Schwächen behutsamer umgehen und sie lieben lernen.

Wir sind eine Einheit aus Geist und Körper. Wenn etwas aus dem Gleichgewicht gerät und eine Seite elementar vernachlässigt wird, hat das oft gesundheitliche Probleme zur Folge. Um dieser Gefahr vorzubeugen, genügt es, seine innere Stimme lesen zu lernen um seine Reserven besser abschätzen zu können.

Die folgenden Diagramme helfen dabei, unbewusste Schwächen und Höhen des Sternzeichens im Jahresverlauf zu erkennen – auch wenn sie zum jeweiligen Zeitpunkt vielleicht nicht offensichtlich sind. Ist eine Kurve im Tal, bedeutet das nicht, dass es zur Zeit unmöglich ist, gewisse Dinge trotzdem in Angriff zu nehmen. Im Gegenteil: Es sollte Motivation geben, die zur Zeit vernachlässigten Bereiche in Eigeninitiative zum Positiven zu wenden.

Die Sterne beeinflussen zwar unser Leben, jedoch können wir eigene Richtungen und Impulse setzen, die auch in scheinbar negativen Konstellationen zu Erfolg und Glück führen können.

Libido

Diese Kurve zeigt unsere unbewusste sexuelle Energie an. Zeiten sexueller Aktivität und Kraft wechseln mit scheinbar lustlosen Momenten. In Zeiten der Hochphasen, spüren wir die sexuelle Anziehungskraft des Partners besonders stark. Wir begehren und wünschen uns begehrt zu werden. Schläft die Libido zeitweise ein, ist es an der Zeit, das Feuer neu zu entfachen.

Körper

Der eigene Körper gerät in dieser schnelllebigen Zeit oft in Vergessenheit. Oft spüren wir ihn erst, wenn er Warnsignale aussendet. Manchmal ist es dann schon zu spät, ihm wieder Erholung zu verschaffen. In Zeiten der Kraftlosigkeit empfiehlt sich Sport, Wellness und die Beschäftigung mit dem eigenen Körper.

Geist

Im Berufsleben beanspruchen wir ihn oft so stark, dass wir zu Hause nur noch unsere Ruhe haben wollen. Stress ist Gift für unsere Seele. Er wirkt sich negativ auf unsere Gesundheit aus. Viele Menschen gönnen sich zu wenig Zeit für sich selbst. Meditation und Entspannungstechniken helfen uns dabei, Krisensituationen zu meistern und wieder Energie zu tanken.

Liebe

Liebe bedeutet hier, dem Partner Aufmerksamkeit zu schenken, und ihm zuzuhören. Niemand steht seinem Partner näher als Sie selbst. Es liegt an Ihnen, Situationen zu wundervollen Momenten zu verwandeln. In diesen vertrauensvollen Phasen spüren sie das innere Band, das sie verbindet.

Steinbock-Frau

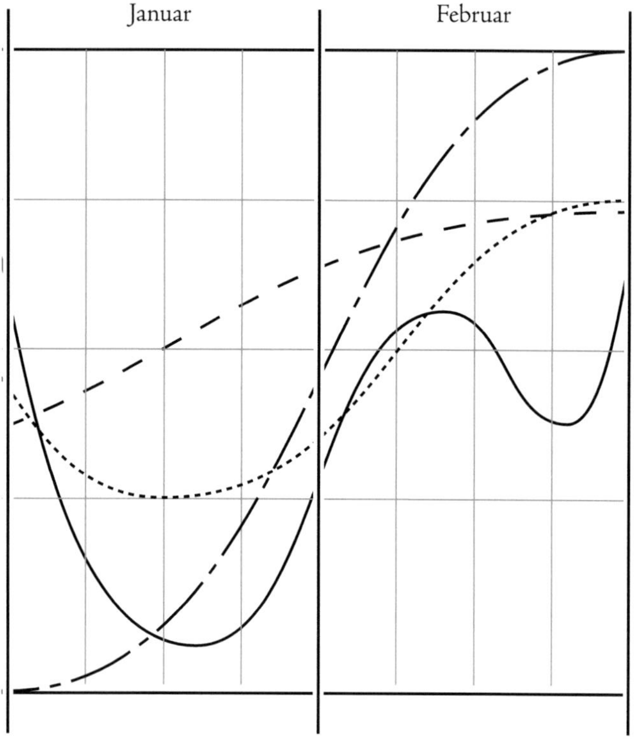

Januar	Februar

_____ Libido

– – – – – Körper

—·—·· Geist

················· Liebe

Steinbock-Frau

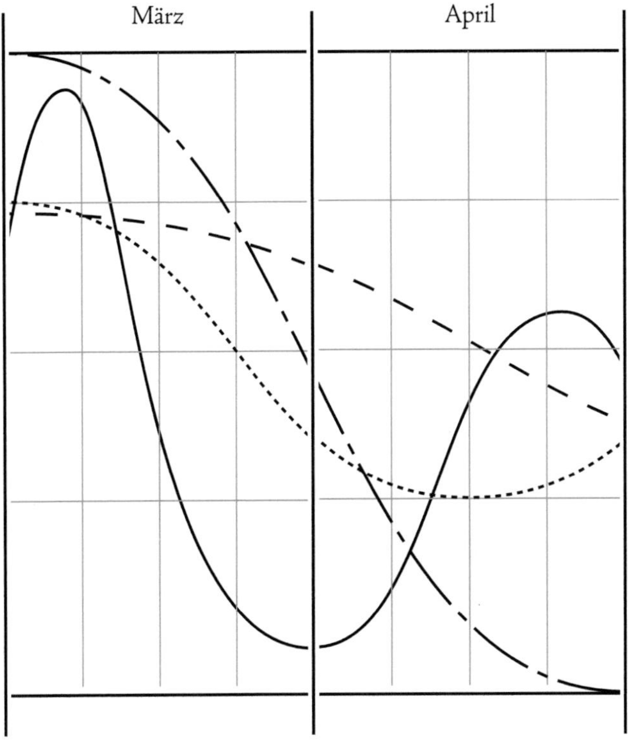

März	April

——————— Libido

– – – – – Körper

—·——·· Geist

················· Liebe

Steinbock-Frau

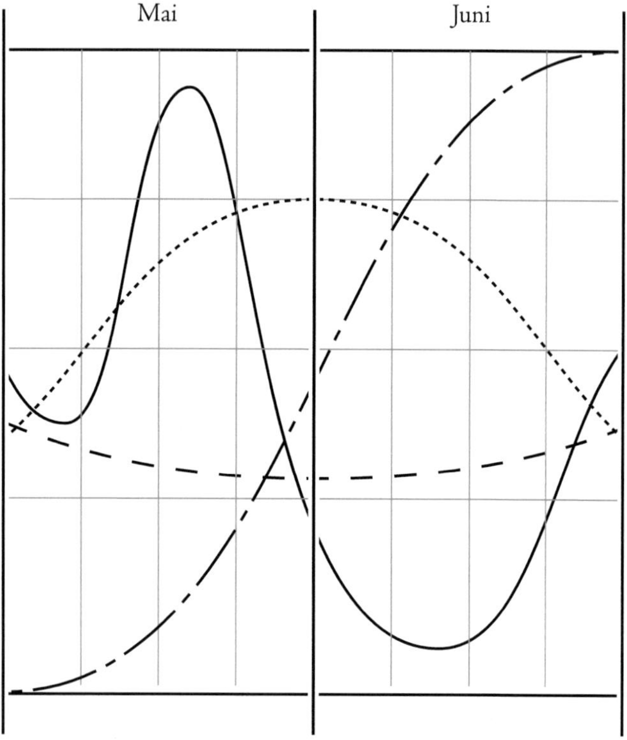

Mai	Juni

——————— Libido

– – – – – Körper

—·—·— Geist

················ Liebe

Steinbock-Frau

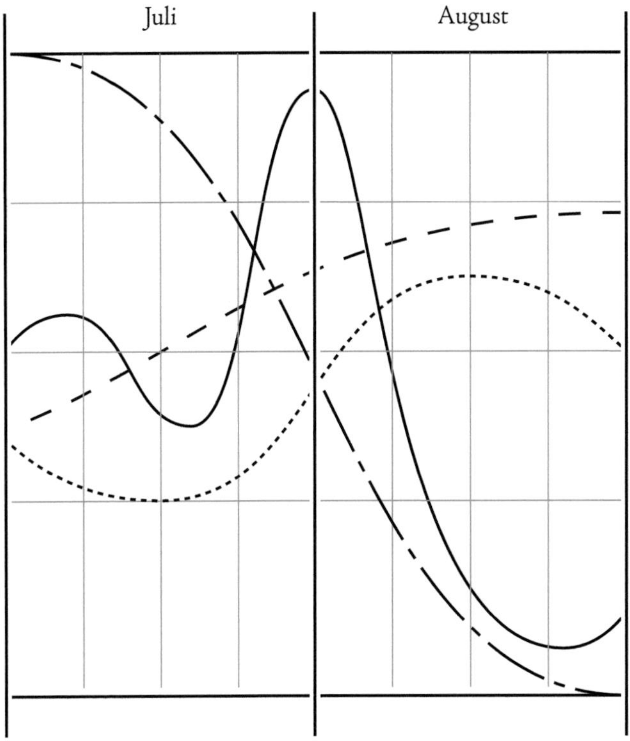

Juli	August

_____ Libido

– – – – Körper

—·—·· Geist

················ Liebe

Steinbock-Frau

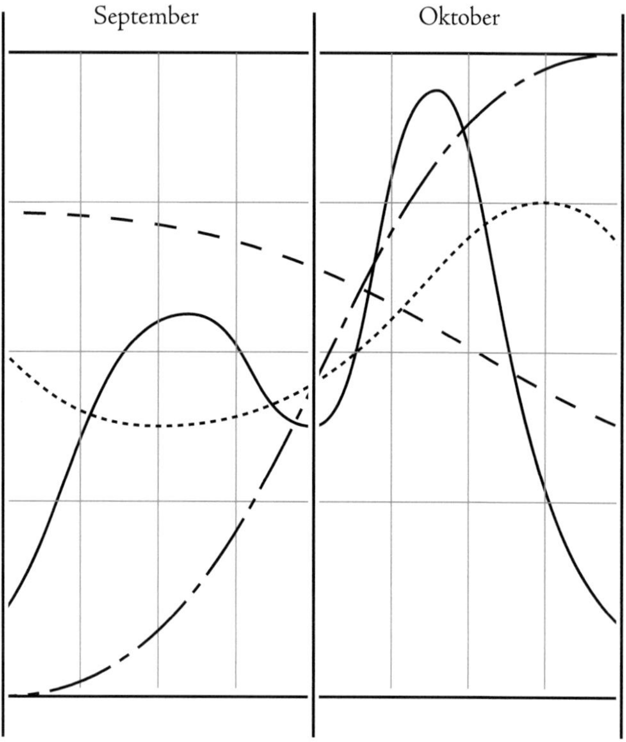

September	Oktober

——— Libido
- - - - Körper
—·—·· Geist
·············· Liebe

Steinbock-Frau

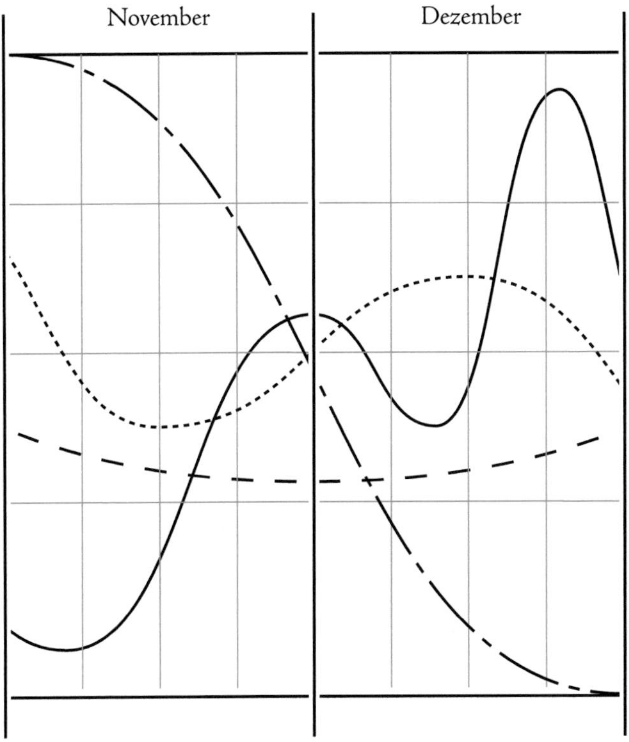

| November | Dezember |

_____ Libido
- - - - - Körper
—·—·—· Geist
·················· Liebe

Steinbock-Mann

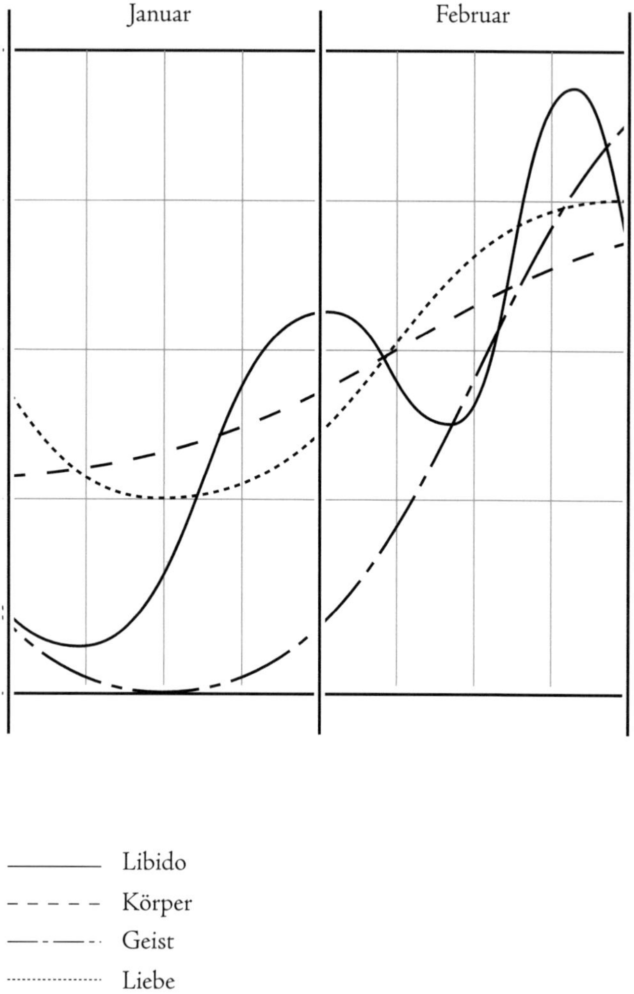

Januar	Februar

——————— Libido

– – – – – Körper

—·——·— Geist

·················· Liebe

Steinbock-Mann

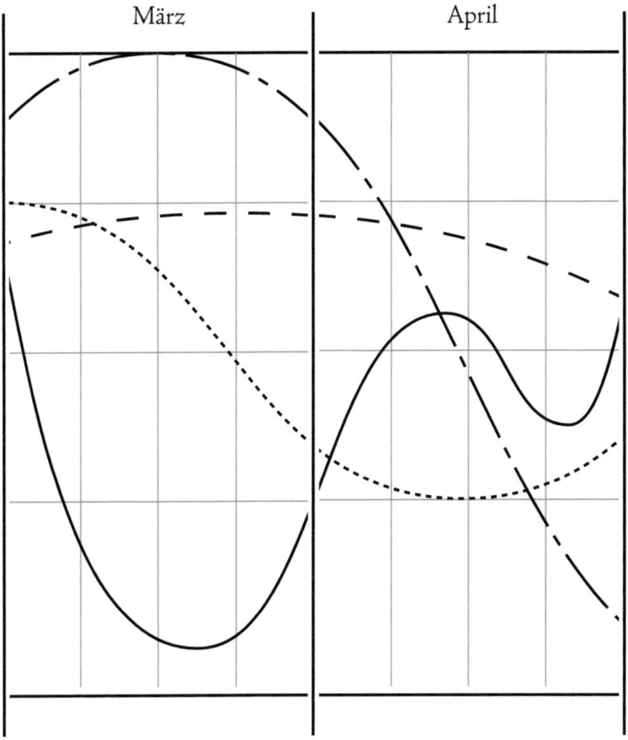

März	April

Libido

- - - - Körper

—·—·· Geist

················ Liebe

Steinbock-Mann

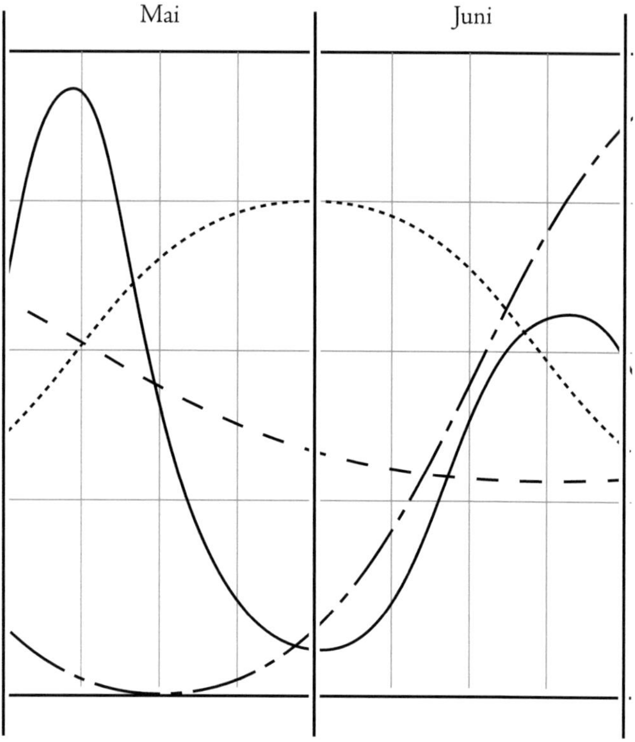

Mai	Juni

——————— Libido

‑ ‑ ‑ ‑ ‑ Körper

—‑—‑— Geist

·················· Liebe

Steinbock-Mann

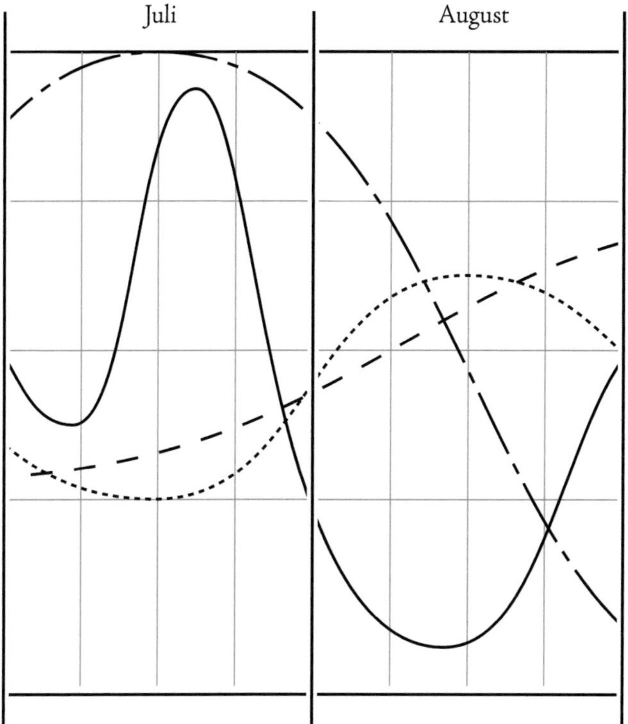

Juli	August

_____ Libido

– – – – Körper

—·—·· Geist

·············· Liebe

Steinbock-Mann

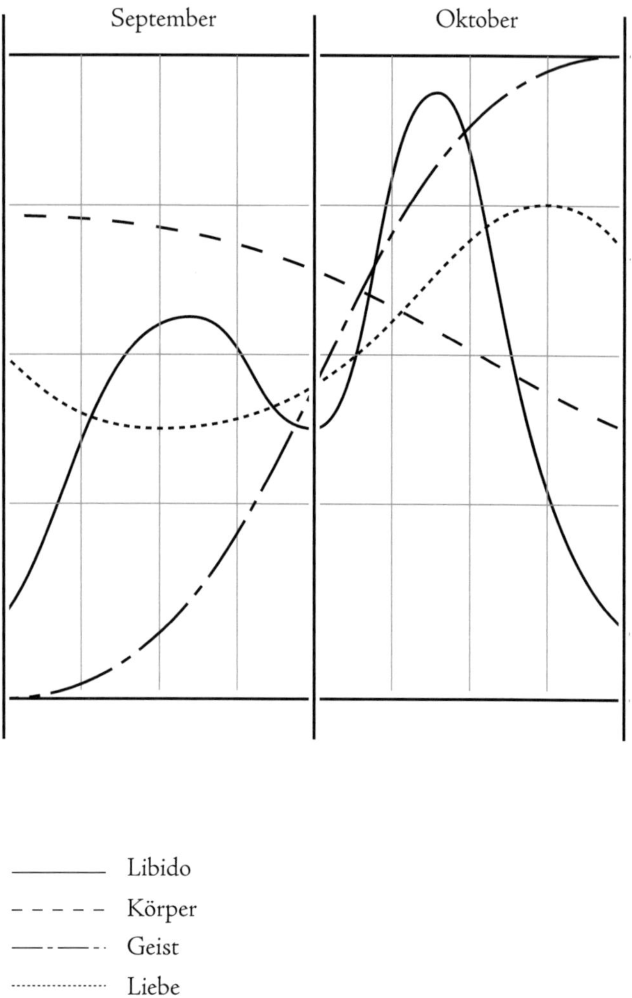

| September | Oktober |

- ———— Libido
- – – – – Körper
- —·—·— Geist
- ·············· Liebe

Steinbock-Mann

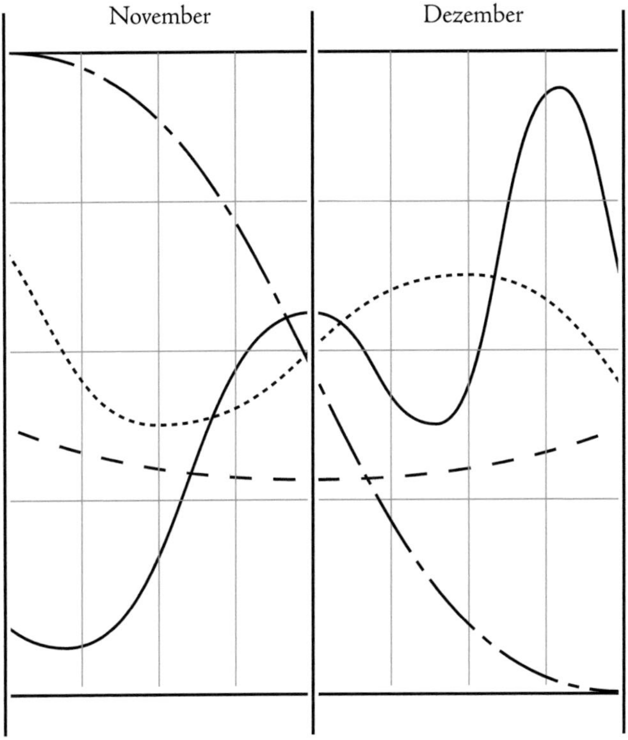

November	Dezember

———— Libido
– – – – Körper
—·—·· Geist
··············· Liebe

Literatur zu Sternzeichen und Astrologie

Hermann Meyer
Das Grundlagenwerk der psychologischen Astrologie: Erkenne
Deine Licht- und Schattenseiten und die Deiner Mitmenschen

Frances Sakoian, Louis S. Acker
Das grosse Lehrbuch der Astrologie: Wie man Horoskope stellt
und nach neuesten wissenschaftlichen Erkenntnissen Charakter
und Schicksal deutet

Hermann Meyer
Astrologie und Psychologie: Eine neue Synthese

Christopher A. Weidner, Sabine Bends
Intuitive Astrologie: Nutzen Sie Ihr inneres Wissen für tiefe
Einsichten über sich selbst

Frank Felber
Wiederkehrhoroskope: Der Schlüssel zu verborgenen Zyklen

Ingrid Zinnel
Familienkonstellationen im Horoskop: Verstrickungen und
Lösungen aus astrologischer Sicht

Literatur zu Entspannung und Sexualität

Jan Aalstedt
Der multiple Orgasmus des Mannes. So kommen Sie nicht
mehr zu früh und können mehrere Höhepunkte erleben.

Ludwig Reichenbach
Endlich mit Frauen flirten: Wie Sie lernen, Schüchternheit und
Angst vor dem Flirten mit einfachen Übungen erfolgreich selbst
zu überwinden

Ludwig Reichenbach
Endlich mit Männern flirten: Wie Sie lernen, Schüchternheit
und Angst vor dem Flirten mit einfachen Übungen erfolgreich
selbst zu überwinden

Lou Paget
Der perfekte Liebhaber: Sextechniken, die sie verrückt machen

Lou Paget
Die perfekte Liebhaberin: Sextechniken, die sie verrückt machen

Lou Paget
Der Super-Orgasmus: Höhepunkte zum Abheben

Jon Kabat-Zinn
Gesund durch Meditation: Das große Buch der Selbstheilung

David Servan-Schreiber
Die Neue Medizin der Emotionen: Stress, Angst, Depression:
Gesund werden ohne Medikamente